Peter Ernszt

Baltikum

Estland · Lettland · Litauen

Rasch & Röhring

Inhalt

Vorwort

Immer wieder habe ich die Erfahrung gemacht, dass vielen Menschen der Begriff „Baltikum“ zwar bekannt ist, sie aber „Das Baltikum“ eigentlich nicht kennen. Wenn ich ihnen erzählte, dass ich wieder zum Fotografieren ins Baltikum fahre, dann haben mich alle darum beneidet. Frei nach dem Motto „So einen tollen Beruf hätte ich auch gerne“. Als nächstes wurden sofort Fragen gestellt wie: Baltikum, wo liegt das eigentlich? Baltikum, welche Länder sind denn das? Von einigen wurden die drei baltischen Länder geografisch kurzerhand in den Balkan verlegt.
All das deutete für mich darauf hin, dass hier zum Teil noch Wissenslücken bestehen. Diese zu minimieren, besser noch zu schließen und „Unwissende“ zu „Wissenden“ zu machen, das ist ein Ziel dieses Buches. Dabei geht es mir vor allem um die Gegenwart und nicht so sehr um Vergangenes. Dieser Bildband soll ein Kaleidoskop (griech. „Schönbildseher“) sein, das meine Eindrücke dieser Region im Nordosten Europas widerspiegelt. Es ist die großartige, zum Teil noch unberührte Natur mit ihrer vielfältigen Flora und Fauna, welche mich fasziniert hat. Unzählige kristallklare Seen, ausgedehnte urwüchsige Wälder, lange abwechslungsreiche Küstenstreifen und darüber die Weite eines Himmels mit oft außergewöhnlichen Lichtstimmungen. An Orten der Ruhe und Einsamkeit die Seele baumeln lassen, mit den Gedanken in die Ferne schweifen..., dafür bietet die Natur der baltischen Region jede Menge Möglichkeiten. Ganz im Gegensatz, jedoch nicht im Widerspruch, stehen die wenigen Ballungszentren, hier vor allem die drei Hauptstädte der baltischen Länder. Tallinn in Estland, Riga in Lettland und Vilnius in Litauen bieten ein breites Spektrum an Kultur und Architektur. Menschen, Gebäude, Theater, Musik und Tanz, in allen Bereichen findet sich ein Mix aus Jung und Alt, antiquiert und modern. Vor allem die junge Generation hat das verstaubte Ostblock-Image längst abgelegt und gibt sich fortschrittlich, modisch und aufgeschlossen wie ihre Altersgenossen in anderen europäischen Metropolen. Tradition und Moderne treffen hier aufeinander, stehen sich aber nicht unvereinbar gegenüber. Beides hat seinen Platz gefunden, begeistert, erstaunt, stimmt nachdenklich und erfreut Fremde ebenso wie Einheimische.
Der Bildband kann nur einen kleinen, subjektiven Eindruck von den vielen schönen Seiten des Baltikums vermitteln.
Mein Anspruch ist es, Menschen mit meinen Reiseberichten so zu begeistern, dass diese unbedingt auch einmal dort hin wollen. Wenn mir das gelingen sollte, habe ich mein Ziel erreicht.
Mit dem folgenden Bilderbogen versuche ich, dieses Verlangen in Ihnen zu wecken. Das Buch soll Sie inspirieren, Sie mit auf eine virtuelle Reise nehmen und Ihnen Appetit darauf machen, demnächst selbst das Baltikum besuchen zu wollen.
Ist mir das bei Ihnen gelungen, dann wissen Sie, lieber Leser, dass ich mein Ziel erreicht habe.

DAS BALTIKUM

Drei Perlen im Norden Europas

Die drei baltischen Staaten Estland, Lettland und Litauen sind reizvolle Reiseziele nicht nur wegen ihrer vielfältigen Landschaftsbilder. Neben Meer, Dünen und Wäldern haben sie auch kulturell einiges zu bieten.

Seinen Namen verdankt das Baltikum dem römischen Gelehrten, Plinius der Ältere, der in einem seiner zahlreichen Werke von einer sagenumwobenen Bernsteininsel „Baltia", im nördlichen Europa, berichtete.
„Das Baltikum" als Land oder Staatenverbund gibt es nicht. Unter dem geografischen Sammelbegriff „Baltikum" werden heute die drei unabhängigen Staaten Litauen, Lettland und Estland zusammengefasst.
Seit ihrem Beitritt in die Europäische Union am 1. Mai 2004 und dem damit verbundenen Wegfall der Einreisebeschränkungen haben sich die drei Länder zu einem beliebten Reiseziel entwickelt.
Die Gletscher der letzten Eiszeit haben eine hügelige Moränenlandschaft mit zahlreichen Seen hinterlassen, in der es keine hohen Berge gibt. Die höchste Erhebung mit 318 Metern befindet sich in Estland. Große Laub- und Mischwälder, weite Sümpfe, interessante Küstenstreifen mit Dünen und über tausend Inseln prägen das Landschaftsbild des Baltikums.
Zu den angrenzenden Nachbarländern gehören im Süden Polen und die Russische Föderation, im Osten sind es Weißrussland und Russland. Die Grenzen im Norden zu Finnland und im Westen zu Schweden verlaufen im Meer.
Flächenmäßig kann Estland mit dem Bundesland Niedersachsen, Litauen und Lettland dagegen mit Bayern verglichen werden. Mit rund 5 Millionen Einwohnern ist das Baltikum dünn besiedelt.
Rein rechnerisch kommen auf einen Quadratkilometer lediglich 45 Einwohner. Da jedoch über die Hälfte in den Ballungsräumen der Großstädte leben, ist die Besiedelungsdichte auf dem Lande noch weitaus geringer.
Die Religion spielt in allen drei Ländern eher eine untergeordnete Rolle. Am häufigsten vertreten sind Katholiken, Protestanten und Russisch-Orthodoxe Christen.
Das Baltikum bietet nicht nur eine einzigartige, vielerorts unberührte Natur, sondern auch diverse, als UNESCO Weltkulturerbe eingestufte, kulturhistorische Zeugnisse menschlichen Schaffens.
In kaum einer Region in Europa gibt es ein derart breites Spektrum an landschaftlichen, architektonischen und kulturellen Höhepunkten wie im Baltikum.
Und in der Tat, die drei Perlen im Norden von Europa, Estland, Lettland und Litauen, haben den Besuchern einiges zu bieten.
Mit urwüchsigen Wäldern, herrlichen Seen, kilometerlangen weißen Sandstränden, malerischen Inseln, mittelalterlichen Städten, zahlreichen Schlössern, Ordensburgen und Herrenhäusern sowie Theater- Gesangs- und Tanzveranstaltungen können die „Baltic states" glänzen.
Ob mit dem Lahemaa-Nationalpark in Estland, dem Gauja-Nationalpark in Lettland oder dem Nationalpark Kurische Nehrung in Litauen, dem Erhalt natürlicher Lebensräume wird große Bedeutung beigemessen.
Die insgesamt 14 Nationalparks, in denen sich die Natur noch ohne große Einschränkungen entwickeln und frei entfalten kann, bilden zugleich die Grundlage des touristischen Reizes dieser Länder. Einige von ihnen, wie beispielsweise der litauische Aukschtajskij-Nationalpark, stellen nicht nur eine besondere Naturlandschaft dar, sondern machen die Besucher auch mit der Kultur

verschiedener ethnischer Gemeinschaften bekannt.
Um traditionelle landwirtschaftliche Lebens- und Arbeitsweisen zu dokumentieren und zu erhalten, wurden in allen drei Ländern Freilichtmuseen errichtet. Die größten befinden sich in der Nähe von Tallinn (ethnografisches Freilichtmuseum „Rocca al Mare"), bei Riga (ethnografisches Freiluftmuseum „Brivdabas Muzejs") sowie das litauische Brauchtumsmuseum „Rumsiskes" bei Kaunas. Zeugnisse alltäglicher Landkultur sind hier auf großen Flächen in authentischer natürlicher Umgebung zu sehen.
„Groß und in seiner Ausdruckskraft beeindruckend ist der schlichte Backstein" heißt es über die Architektur der Hansestädte. Backsteingotik, Romanik, Renaissance und Jugendstil sind im barocken Vilnius, der Jugendstilmetropole Riga und dem mittelalterlichen Tallinn zu bewundern. Die drei Hauptstädte überraschen durch ihren architektonischen Reichtum aus verschiedenen Epochen und das bunte Leben in den Gassen der liebevoll restaurierten Altstädte.
Die Kulturbegeisterung der Balten spiegelt sich in prunkvollen Opern- und Konzerthäusern, vielfältigen Theatern, modernen Museen und Galerien wider. Zahlreiche Veranstaltungen und Ausstellungen in allen Regionen tragen zum kulturellen Leben bei. Das ganze Jahr über finden Musik- und Kulturfeste in allen Regionen statt. Eine Besonderheit des Baltikums sind die traditionellen Sänger- und Tanzfeste. Diese finden alle fünf Jahre statt und gehören zum UNESCO Weltkulturerbe. Hier erleben hunderttausende Zuschauer die größten Chöre der Welt, die 20.000 bis 30.000 Sänger auf einer Freilichtbühne vereinen.
Für die Balten ist die Sommersonnenwende das wichtigste Fest des Jahres. In der Nacht vom 23. auf den 24. Juni wird das Mittsommernachtfest gefeiert. Mädchen schmücken ihre Haare mit selbst geflochtenen Blumenkränzen.
Vor Sonnenuntergang werden große Feuer entzündet. Die Flammen sollen den letzten Rest von Dunkelheit vertreiben. In dieser Nacht sammeln Mädchen „Zauberfarn", springen Liebespaare gemeinsam über das Feuer. Es wird gesungen und getanzt, bis in den frühen Morgen.
Die drei Staaten haben eine lange, wechselhafte Geschichte hinter sich. Vor 4000 Jahren von den baltischen Stämmen besiedelt, im 12. Jahrhundert vom Deutschen Ritterorden kolonisiert; über Jahrhunderte haben hier u.a. Dänen, Schweden, Polen und Russen ihre Spuren hinterlassen, von denen viele heute noch sichtbar sind.
Livländischer Orden, Schwertbrüderorden und Deutscher Orden prägten die Zeit zwischen dem 12. und dem 16. Jahrhundert. Kaum eine Stadt, die nicht auf Relikte dieser Epoche verweisen kann. Überall stößt man auf Reste mittelalterlicher Festungen. Historische Märkte, Ritterfeste und Ritterturniere werden jedes Jahr in vielen Städten und auf Burgen und in Städten abgehalten. Ob z.B. in der Bischofsburg von Kuressaare auf der estnischen Insel Saaremaa, im lettischen Cesis oder in Trakai in Litauen, überall wird das Mittelalter für kurze Zeit wieder lebendig.
Anfang des 20. Jahrhunderts entstanden die drei selbstständigen Staaten, welche nach deutscher und sowjetischer Besatzung erst Anfang der 90er Jahre ihre Unabhängigkeit wiedererlangten. Die Länder haben zwar unter dem Dach des Baltikums ein gemeinsames Zuhause gefunden, die 3,5 Millionen Litauer, 2,3 Millionen Letten und 1,4 Million Esten sind jedoch drei europäische Kulturvölker mit eigener Währung, Landessprache, Kultur und Geschichte.
So bezahlt man noch – bis zur beabsichtigten Einführung des Euro – in Litauen mit Litas, in Lettland mit Lats und in Estland mit Kronen.
Auch die Sprachen haben wenige Gemeinsamkeiten. Litauer und Letten können sich halbwegs untereinander verstehen, mit den Esten dagegen nicht. Für sie ist Finnisch, aufgrund der vielen Ähnlichkeiten leicht zu verstehen. Mit ein Grund, warum Estland sehr gute wirtschaftliche Beziehungen zu Finnland unterhält.
Der Tourismus ist eine der wichtigsten Einnahmequellen der baltischen Länder. Ihre Zugpferde sind die Kultur, die Menschen und an erster Stelle die Natur.

Herz, was willst Du mehr? Glasklares Wasser, endlose Weite, unberührte Natur, tief hängende Wolken, blauer Himmel. Der richtige Ort, seine Gedanken in die Ferne schweifen zu lassen. Solche Plätze gibt es noch häufig im Baltikum.

Nachfolgende Doppelseite:
Die Boote stehen bereit, um das Leben auf dem Wasser zu entdecken. Der Engure-See in Lettland stellt für verschiedene Vogelarten einen wichtigen Rast- und Brutplatz dar. Der Naturpark Engure-See ist deshalb ein Vogelschutzgebiet von internationaler Bedeutung.

LV1597
LV1597

T-1124
T-0286

Die Blaue Lupine gedeiht gut auf leichten, gut durchlässigen Böden.

Maikäfer muss man im Baltikum nicht suchen – sie begegnen einem.

Die Sibirische Schwertlilie wächst auf sumpfigen Au- und Waldwiesen.

Eines der vielen baltischen Gewässer, das die moderne Zivilisation noch nicht vereinnahmt hat. Die Uferbereiche sind ein Eldorado für jeden Naturliebhaber. Es lohnt sich, genau hinzuschauen.

Kranich und Weißstorch sind in allen drei baltischen Staaten weit verbreitet. Ihr bevorzugter Lebensraum – Feuchtgebiete wie Sümpfe, Moore, Feuchtwiesen und die Ufer der Seen und Flüsse – bietet ideale Lebensbedingungen und einen reich gedeckten Tisch, um den Nachwuchs zu füttern.
Im Gegensatz zum Weißstorch, der als so genannter Kulturnachfolger die Nähe der Menschen sucht, ist der Kranich sehr scheu und deshalb oft nur aus der Ferne zu beobachten. Über den „Vogel des Glücks", wie der Kranich im Volksmund bezeichnet wird, sagt man, er habe „an jeder Feder ein Auge".

Nachfolgende Doppelseite:
Mit dem Frühlingshochwasser beginnt die fünfte Jahreszeit im Soomaa-Nationalpark in Estland. Die Menschen haben gelernt, mit den jährlichen Überschwemmungen zu leben. Wenn die Füße beim Aufstehen im Wasser sind, pflegt man zu sagen: „Unser Gast ist wieder da!"

Der Weißstorch ist ein treuer
Vogel. Zuerst dem Nest und dann
seinem Partner gegenüber.
Ein Leben lang kehrt er zum
gleichen Horst zurück.

Der Bussard ist im Baltikum weit verbreitet.

Kormoran am Nest in einer Brutkolonie auf der Kurischen Nehrung.

Der Graureiher, auch als Fischreiher bezeichnet, erreicht eine Flügelspannweite von ca. 1,70 m.

Kormorane werden von Naturschützern geliebt und von den Fischern gehasst. Der gefräßige Vogel benötigt pro Tag ca. 500 Gramm Fisch. Zeitweilig waren die Kormorane durch menschliche Verfolgung vom Aussterben bedroht. Inzwischen haben sich die Bestände wieder deutlich erholt. Sie leben oft gemeinsam mit Graureihern in großen Kolonien.

Nicht nur in den skandinavischen Ländern, sondern auch in den baltischen Staaten gibt es in deren Wäldern und Hochmooren größere Bestände an Elchen. Im südlich gelegenen Litauen ist das Vorkommen sehr gering. Die Anzahl der riesigen Tiere nimmt zu, je weiter man nach Norden kommt. Beim Rotwild verhält es sich genau umgekehrt. Glück und viel Geduld sind nötig, um die mächtigen Elche zu Gesicht zu bekommen. In allen drei Ländern hat die Jagd eine lange Tradition und wird heute noch aktiv betrieben.

Westlich von Riga, zwischen Tukums und Talsi, wird Torf bei Dzirciems maschinell abgebaut. Moore sind die Lagerstätten von Torf. Mit seinen zahlreichen Nieder- und Hochmooren ist das Baltikum ein so genanntes „moorreiches" Gebiet, wo auf einer Fläche von etwa 2,2 Millionen Hektar Torf abgebaut wird. Dieser ist weltweit ein bevorzugter Rohstoff für die Herstellung von hochwertigen Kultursubstraten, die im Erwerbsgartenbau benötigt werden. Daneben dient das natürliche Material lokal auch als Brennstoff zum Heizen.

Männliche Krickente im Prachtkleid
im Soomaa-Nationalpark in Estland.

Haubentaucher mit Nachwuchs
im Kemeri-Nationalpark in Lettland.

Zahlreiche Flüsse, Seen und Feuchtgebiete bieten Wasservögeln ideale Lebensbedingungen. Hier sind Höckerschwäne bei der Gefiederpflege im Dzukija-Nationalpark in Litauen zu sehen.

Im Frühsommer zeigt sich die Natur von ihrer schönsten Seite. Die Wiesen glänzen mit ihrer bunten Blumenpracht. Da große Flächen im Baltikum nicht kultiviert werden, hat sich eine vielfältige Flora entwickelt, die sich ungehindert ausbreiten kann.
Die Wiesen-Margerite (rechts mitte) ist Lettlands nationale Blume. Zur Sommersonnenwende wird sie gerne in die traditionellen Blumenkränze mit eingeflochten.

Die Sommersonnenwende gehört zu den bedeutendsten Festen im gesamten Baltikum. Das Johannesfest, in Litauen „Jonines“, in Lettland „Jani“ und in Estland „Jaani päev“ genannt, wird in der Nacht vom 23. Juni auf den 24. Juni, dem Namenstag Johannes des Täufers, gefeiert. Das Mittsommerfest am längsten Tag des Jahres beruht auf alten vorchristlich heidnischen Bräuchen. Die Sonne stand oft im Mittelpunkt früherer Religionen. Alte Rituale werden wieder lebendig. Traditionell schmücken bunte Blumenkränze die Haare der Mädchen und Frauen, während die Kränze der Männer überwiegend aus Eichenlaub bestehen.

Wenn die Sonne kurz vor Mitternacht untergegangen ist, werden die oft schon Tage früher vorbereiteten Holzhaufen angezündet. Überall lodern riesige Johannesfeuer, am Strand von Jürmala in Lettland ebenso wie auf dem 318 Meter hohen Suur Munamägi in Estland, der höchsten Erhebung des Baltikums. Theaterstücke werden aufgeführt, es wird gesungen und getanzt, bis in die frühen Morgenstunden. Liebespaare springen gemeinsam über das Feuer oder gehen in den Wald, um die legendäre, sich nur für kurze Zeit öffnende Farnblüte zu suchen, die nur von Liebenden entdeckt werden kann.

Tanz- und Sängerfeste haben in Estland, Lettland und Litauen eine lange Tradition. Es gibt kaum ein Fest oder eine Veranstaltung, auf der nicht die alten, von Generation zu Generation überlieferten Volkstänze aufgeführt werden. Ob zu Ostern, zur Sommersonnenwende oder auf den jährlich stattfindenden Tanz- und Folklorefestivals, überall begegnet man fröhlichen Menschen in ihren typischen Trachten. Jeder zweite Einwohner in Estland, Lettland und Litauen gehört einem Chor oder einer Tanzgruppe an.

Liederfest in Tallinn.

Statue von Gustav Ernesaks, Komponist, Chorleiter und Organisator der großen estnischen Sängerfeste.

Nirgendwo wird die Singfreude der Balten deutlicher als bei den großen Sängerfesten in den drei Ländern. Alle fünf Jahre treffen sich bis zu 30.000 Sänger auf den großen Freilichtbühnen in Tallinn, Riga und Vilnius und bescheren den über 250.000 Besuchern ein „Woodstock der Folklore".
Mehrere Tage lang dauert die ausgelassene Feier. Wie bei einer Olympiade wird Tage vorher eine Flamme entzündet und durch das ganze Land getragen. Zu Beginn der Veranstaltung entzündet sie dann das Feuer, und anschließend singen hunderttausende von Besuchern die Landeshymne.
Ein historisches Sängerfest fand 1990 in Tallinn statt, als 30.000 Chormitglieder nationale Lieder, die damals von der russischen Besatzungsmacht verboten waren, sangen. Vor über einer halben Million Menschen – mehr als die Hauptstadt Einwohner hat. Dies war der Höhepunkt der „singenden Revolution" gegen die Sowjetunion, was letztendlich zur Unabhängigkeit der drei Staaten führte.

Folkloretanzgruppe beim Liederfestival.

Die Flamme für das große Sängerfest 2009 in Tallinn hat den Soomaa-Nationalpark auf dem Wasser im Einbaum erreicht.

ESTLAND

Das nördlichste Land des Baltikums

Estland mit seiner unberührten Natur fühlt sich stark mit Skandinavien verbunden, insbesondere mit dem Nachbarland Finnland, zu dem es enge Beziehungen unterhält.

Auf den ersten Blick wirkt die estnische Natur nicht sehr spektakulär. Die überwiegende Landschaft ist flach. Der höchste Berg, der Suur Munamägi im Südosten des Landes, erhebt sich 318 Meter über dem Meer.
Es gibt jedoch auch einzigartige Naturdenkmäler, wie z.B. den nordestnischen Kalksteinglint, die es zu entdecken gilt.
Bei einem Besuch der zahlreichen Naturschutz- und Landschaftsschutzgebiete oder den Nationalparks Lahemaa, Soomaa, Karula, Vilsandi und Matsalu, die zusammen ca. 15 % der gesamten Fläche des Landes umfassen, werden die eigenen Erwartungen oftmals weit übertroffen. Menschen aus dicht besiedelten Regionen sind häufig überrascht, wie viel unbesiedelten Raum, Stille und Ruhe es hier gibt. Der Zugang zur Natur ist einfach, denn in Estland gilt allgemein das Recht, dass sich jeder von Sonnenaufgang bis Sonnenuntergang überall im Freien aufhalten kann, wo es nicht ausdrücklich vom Grundstückseigentümer verboten ist.
Der Reichtum der unberührten Natur und der naturbelassenen Landschaften ergibt sich durch deren Vielfältigkeit. 40 % der Fläche Estlands ist mit Wäldern bedeckt, 20 % mit Sumpf- und Moorlandschaften.
Das Landschaftsbild wird auch geprägt von den weiten, flachen Wiesen und Feldern. Die Naturwiesen setzen mit ihrer Fülle von bunten Blumen, wie den Lupinen und Estlands Nationalblume, der Kornblume, farbige Akzente.
Zu den Schätzen der Natur gehören neben den Seen, Wiesen, Wäldern und Mooren auch die Alvaren. Dabei handelt es sich um Wacholderlandschaften auf der dünnen Erdschicht des Kalksteinplateaus, die auf dem europäischen Festland einzigartig sind.
Charakteristisch für das Land ist auch die fast 3.800 km lange, zerklüftete Küstenlinie mit ihren davor gelagerten Inseln.
Die letzte Eiszeit hat vor allem in der Küstenregion ihre Spuren hinterlassen. Riesige Mengen an Findlingen – Gestein, welches mit dem Gletschereis aus dem Norden her transportiert und dabei abgeschliffen wurde – sind nach dem Ende der Eiszeit zurück geblieben. Felsblöcke in verschiedenen Größen liegen verstreut im Meer und am Ufer und prägen mit ihrem unverwechselbaren Aussehen ganze Küstenabschnitte.
Die Inselwelt mit ihren mehr als 1500 meist unbewohnten Inseln zählt zu den abwechslungsreichsten Naturlandschaften Europas. Die größten von ihnen sind Muhu, Saaremaa und Hiiumaa. Sie bilden den Kern des in das UNESCO-Programm aufgenommenen Biosphärenreservates. Die estnische Natur bietet Lebensraum für viele in Europa selten gewordene Pflanzen, Vögel und andere Tierarten. Dazu zählen auch der Bär, Wolf und Luchs, die im Unterschied zu Westeuropa häufig vorkommen und auch gejagt werden dürfen.
„Das kostenlose Internet soll mit dem Fahrrad zu erreichen sein." So stand es im Programm „Estlandweite gleichwertige Internetmöglichkeiten", mit dem 1997 begonnen wurde, überall im Land kostenlose, öffentlich zugängliche Internetstellen einzurichten.
Wer heute nach Estland kommt, wird schnell feststellen, dass die öffentlichen Internetpunkte inzwischen flächendeckend installiert wurden. Diese befinden sich

in Stadt- und Dorfbüchereien, Gemeindeverwaltungen, Postämtern oder dem einzigen Laden im Ort. Verkehrsschilder mit dem @-Zeichen weisen den Weg. Aber das ist noch nicht alles. WIFI.EE. ist das neue Zeichen, welches auf einen Access Point für einen drahtlosen Internetzugang aufmerksam macht. Davon gibt es zwischenzeitlich in Estland mehr als 500 und deren Anzahl steigt ständig. In vielen Cafés und Hotels, in Einkaufszentren, in Parkanlagen oder auf einem Universitäts- oder Schulgelände steht WLAN, ebenfalls kostenlos, zur Verfügung. Da ist es schon fast selbstverständlich, dass man überall in Estland mit dem Handy ins World Wide Web gelangt. Das Internet, der Computer und das Handy sind für die Esten zum alltäglichen Kommunikationsmittel geworden.

Eine neue „Zeitrechnung“ begann für die Esten 1988 mit der so genannten „singenden Revolution“, die zur Wiedererlangung der staatlichen Unabhängigkeit führte. Damals sangen auf dem Tallinner Sängerfestplatz bei einer Demonstration 300 000 Esten zum ersten Mal wieder ihre von der Sowjetunion verbotene Nationalhymne. 1991 wurde Estland in die UNO aufgenommen und am 31. August wurden die letzten russischen Truppen abgezogen. Seit 2004 ist Estland Mitglied in der Europäischen Union und der NATO.

Es folgte eine stürmische Entwicklung mit entschlossenen Reformen. Estland wurde zum erfolgreichsten Übergangsstaat in Mittel- und Osteuropa. Die Schwerpunkte für die Zukunft liegen in der Forschung und dem Aufbau neuer Technologien.

Tallins ganzer Stolz ist sein mittelalterlicher Stadtkern. Die engen, verwinkelten Gassen mit ihrem Kopfsteinpflaster und die alten, ehrwürdigen Gebäude aus dem 11. bis 15. Jahrhundert haben die Zeiten nahezu unbeschadet überstanden.

Da Tallinn nie, im Gegensatz zu vielen anderen Städten im Mittelalter, durch einen großen Brand in Schutt und Asche gelegt wurde, gilt sie als die am besten erhaltene mittelalterliche Stadt Nordeuropas. Der Grund dafür, dass Tallinn weitgehend von Brandkatastrophen verschont geblieben ist, war ein Verbot, brennbare Materialien beim Bau der Stadtmauer mit ihren 45 Wehrtürmen zu benutzen. Mit einer Länge von knapp zwei Kilometern ist die solide Befestigungsanlage die längste und am besten erhaltene ihrer Art in Europa. Heute stehen davon noch 26 Türme. Die bekanntesten sind der „Kiek in de Koek“, die „Fette Margarethe“ und der „Lange Hermann“.

Direkt am Rathausplatz von Reval, so die alte Bezeichnung der Hansestadt, befindet sich die älteste noch betriebene Apotheke Europas, die Rathausapotheke. Der Turm der St. Olaikirche (Olafkirche) war im 15. Jahrhundert mit einer Höhe von 159 Meter das weltweit höchste Gebäude der damaligen Zeit. In seiner neuen Form, die aus dem Jahre 1840 stammt, überragt der Kirchturm mit 128 Meter heute immer noch alle Bauwerke Tallinns. Haben die Besucher erst einmal den anstrengenden Aufstieg geschafft und die Turmspitze erklommen, werden sie mit einem herrlichen Blick in die engen, verwinkelten Gassen der Altstadt belohnt und können ein atemberaubendes 360-Grad-Panorama genießen. Auf dem Domberg (Toompea) befindet sich das Schlossgebäude, das den heutigen Regierungssitz beherbergt. Vom Schlossturm, dem „Langen Hermann“, weht die blau-schwarz-weiße Staatsflagge über Tallinn. Auf einer Aussichtsplattform (Vaateplats) im Norden und einem weiteren Punkt im Nordosten hat man einen hervorragenden Blick über die Stadt bis zum Hafen und auf das Meer. Im Hafen gehen regelmäßig Kreuzfahrtschiffe vor Anker, von denen tausende Touristen zu einer Sightseeingtour in die Altstadt strömen und die engen Gassen der Altstadt kurzfristig überfluten.

Tallinns Altstadt wurde 1997 in die Weltkulturerbeliste der UNESCO aufgenommen. Die Neustadt, das moderne Zentrum Tallinns, mit Hochhäusern, einem großen Einkaufszentrum und dem unterirdischen Busbahnhof befindet sich im Südosten. Die hypermodernen Bank- und Bürogebäude beginnen Akzente in Tallins Skyline zu setzen und bilden einen, jedoch nicht für jeden Besucher, reizvollen Kontrast zur Altstadt.

Die Pühavaimu – eine der vielen verwinkelten Gassen
in der Altstadt von Tallinn, die mit Kopfsteinpflaster belegt sind.

Nachfolgende Doppelseite:
Blick über Tallins Altstadt auf den Domberg, der durch mächtige Festungsmauern geschützt wird. Im Hintergrund darauf zu erkennen (von links:) Die Alexander-Newski-Kathedrale, der Festungsturm Langer Hermann und die Domkirche St. Marien. In der Unterstadt steht die Nikolaikirche (links am Bildrand). Die zweigeteilte Altstadt mit ihrem Domberg und der sich darunter erstreckenden Unterstadt wurde 1997 in die Liste des UNESCO-Welterbes aufgenommen.

Das Haus der Knutsgilde in der Pikk-Straße. Figuren des Heiligen Knut und Martin Luthers schmücken die Tudor-Fassade. Das Gebäude wird heute als Konzert- und Theatersaal genutzt.

Linke Seite: Die historische Altstadt – Tallinns Prunkstück.

Kunstvoll verziertes Eingangsportal am Haus der Großen Gilde.

Wappen über dem Eingang des Schwarzhäupterhauses.

Ornament einer Jugendstilfassade – der geflügelte Drache.

Der Weg vom Domberg in die Unterstadt führt an der Stadtmauer entlang.

Spaziergang in der Altstadt nach einem Gewitterregen.

Die reich verzierte Alexander-Newsky-Kathedrale ist Tallinns größte und imposanteste orthodoxe Kirche. Ihre mächtige Erscheinung macht sich nicht nur in der Silhouette Tallinns bemerkbar, sondern ist auch im weiträumigen, prunkvollen Innenraum des Gotteshauses zu spüren. Gebaut wurde sie am Ende des 19. Jahrhunderts, als Estland noch ein Teil des Zarenreiches bildete.

Findlingsstrand im Morgenlicht bei Altja, Lahemaa-Nationalpark.

Hübsch anzusehen – die gepflegten Holzhäuschen im ehemaligen Fischerdorf Altja, Lahemaa-Nationalpark.

In den dichten Wäldern sind Wolf, Elch, Braunbär und auch der Luchs zu Hause.
Zu Gesicht bekommt man die scheuen Tiere jedoch äußerst selten.
Auch die Biber lassen sich kaum blicken, dafür kann man ihre kunstvollen
Bauwerke, die riesigen Biberburgen und großen Dämme bewundern.

Vorhergehende Doppelseite:
Sonnenuntergang am Strand von Käsmu,
Lahemaa-Nationalpark.

Der Gang in die Sauna hat bei den Esten eine lange Tradition.

Die einzige schwimmende Sauna Estlands, Soomaa-Nationalpark.

Tahkuna Leuchtturm
auf der Insel Hiiumaa.

Bockwindmühle auf
der Insel Muhu.

Schottische Hochlandrinder werden im Soomaa-Nationalpark erfolgreich zur „Landschaftspflege“ eingesetzt. Die Rinder halten die Grasnarbe der Feuchtwiesen kurz, so dass es zu keiner Verbuschung des Geländes kommen kann.

Rechte Seite: Die nassen Grünflächen im Nationalpark sind ein idealer Standort für die Sibirische Schwertlilie, Soomaa-Nationalpark.

Die Mauerreste der dänischen Ordensburg
auf dem Burgberg, Rakvere.

Rechts:
Das Wahrzeichen von Rakvere –
der Auerochse.

Im Burghof der Ruine finden
jedes Jahr Ritterspiele statt.

Das Gutshaus Alatskivi, im Landkreis Tartu gelegen, ist im Detail eine Kopie des neugotischen Königsschlosses Balmoral in Schottland.

Rechte Seite:
Palmse, das barocke Gutshofensemble, liegt mitten im Lahemaa-Nationalpark. Es ist das bekannteste Herrenhaus von Estland.

Stilvoll eingerichtete Räume im Herrenhaus Palmse.

LETTLAND

Das Herz des Baltikums

Lettland ist ein Schmuckkästchen mit hochkarätigem Inhalt, das eine große landschaftliche und kulturelle Vielfalt bietet.

Lettland ist ein Schmuckkästchen mit hochkarätigem Inhalt. Die mit Abstand schönste Perle ist ohne Zweifel die Altstadt von Riga. Daneben erstrahlen auch noch Juwelen wie der Gauja-Nationalpark, der Kurort Jurmala, der Museumspark Turaida oder das barocke Schloss Rundale (Ruhenthal) in ihrem Glanz. Die Reihe der Schmuckstücke, die es sonst noch zu bewundern gibt, ist lang.
„Latvia" ist das „Land der Mitte" des Baltikums, denn sowohl von seiner geografischen Lage, wie auch von der Fläche und der Anzahl der Einwohner liegt es zwischen dem kleineren Estland und dem größeren Litauen.
Das Land teilt sich in vier historische Regionen auf, die sich sowohl landschaftlich als auch kulturhistorisch unterscheiden: Kurzeme im Westen, Vidzeme im Norden, Latgale im Osten und Zemgale im Süden. Das Ethnografische Freilichtmuseum Lettlands, am Jugla-See in der Nähe von Riga gelegen, gibt Einblick in die charakteristischen Bauten und in das gesellschaftliche Leben früherer Jahrhunderte der vier Bevölkerungsgruppen.
Eine knappe Autostunde von Riga entfernt beginnt der älteste der vier lettischen Nationalparks, der Gauja-Nationalpark. Zwischen Sigulda und Cesis gelegen, erstreckt er sich malerisch in einem Tal entlang des Flusses Gauja. Er wurde 1973 gegründet, um die im Baltikum einzigartige Landschaft an der mittleren Gauja und deren fast 500 kulturhistorische Objekte zu schützen. Turaida, ein kleiner Ort am Ufer der Gauja gegenüber von Sigulda, besitzt ein solches Kulturgut. Die gleichnamige Burg ließ 1214 der Erzbischof Albert von Riga errichten. 1776 brannte sie bis auf den Turm völlig nieder. 1953 wurde mit dem Wiederaufbau der Burganlage begonnen. Heute ist sie der Mittelpunkt im Museumsreservat Turaida und eine viel besuchte Sehenswürdigkeit. Während er im Südwesten vor allem als Naherholungsgebiet fungiert, gibt es im Nordosten des Parks mehrere Schutzgebiete. Wegen seiner hügeligen Landschaft wird die Region auch als „Livländische Schweiz" bezeichnet. Der Fluss Gauja hat sich hier über tausende von Jahren tief in die Landschaft hineingefressen. Die steilen Abhänge aus rotem Sandstein sind für dieses Urstromtal genauso charakteristisch wie die dichten Mischwälder, die im Herbst das Tal bunt färben.
Die Hauptstadt Riga ist die Metropole des Baltikums. Hier lebt ein Drittel der lettischen Bevölkerung.
1201 gegründet, hatte die Stadt in den vergangenen acht Jahrhunderten deutsche, polnische, schwedische und russische Herrschaft erfahren müssen, die entscheidend die Züge der Stadt bestimmten, vor allem in ihrer Architektur. Um die Wende zum 20. Jahrhundert war die Architekturrichtung des Jugendstils in Riga sehr populär. Die in dieser Zeit entstandenen Jugendstilgebäude sind in der gesamten Innenstadt zu finden. Diese prächtigen Fassaden kann man am besten in der Albert-Straße bewundern. Riga wird auch als die Perle des Jugendstils bezeichnet.
Das Herz der alten Hansestadt Riga schlägt in der Altstadt – dort pulsiert das Leben, bezaubert durch Charme, Gastfreundlichkeit und Kulturvielfalt. Zahlreiche Kirchen mit ihren schlanken Türmen prägen die Silhouette der Stadt. Der Blick auf die Stadt vom westlichen Ufer der Daugva ist besonders eindrucksvoll.

Dass Riga auch ein rasant wachsendes Wirtschaftszentrum ist, davon zeugen die vielen neuen modernen Industriegebäude außerhalb des Stadtzentrums.
Ein beliebtes Ausflugsziel ist der nahe gelegene Badeort Jūrmala, der in einer knappen halben Stunde per Auto, Bus oder Bahn zu erreichen ist. Mit 30 Kilometer weißem, feinen Sandstrand, Hotels und Campingplätzen, Restaurants, Cafés und Bars, Kurhotels und Sanatorien hat sich die Region um Jūrmala zu einem gern besuchten Urlaubs- und Kurzentrum entwickelt. Die für den Ort typischen, zum Teil jedoch heruntergekommenen Holzhäuser im viktorianischen und klassizistischen Stil, wurden in den letzten Jahren immer mehr zu bevorzugten Immobilien für Wohlhabende. Liebevoll renoviert dienen sie heute als luxuriöses Vorstadtdomizil oder als exklusives „Wochenendhäuschen".
Lettland ist auch das Land der Burgen und Schlösser. Das vollkommenste Barockensemble des Baltikums ist ohne Zweifel Schloss Rundale (Ruhenthal). Das „Versailles der Ostsee, wie es auch genannt wird, liegt rund 50 Kilometer südlich von Riga in der Nähe der Stadt Bauska. Die Sommerresidenz des kurländischen Herzogs Ernst Johann Biron wurde um 1735 vom russischen Hofarchitekten Francesco Bartolomeo Rastrelli entworfen und erbaut. Er hat auch den nach französischem Muster angelegten Schlossgarten geplant, den er mit 328 000 Linden bepflanzen ließ. Im Ersten Weltkrieg wurde der Palast stark beschädigt. 1971 wurde mit der Renovierung der Gebäude und der Wiederherstellung des Schlossgartens begonnen.
Die Küsten an der Rigaer Bucht und an der Ostsee bis zur Grenze nach Litauen bestehen überwiegend aus feinem weißen Sand. Ab und zu wird der schmale Küstenstreifen durch Häfen, Flussmündungen oder Steilküsten unterbrochen. Der Kemeri-Nationalpark und der Slitere-Nationalpark schützen teilweise die Küsten und das dahinter liegende Festland.
Im Kemeri-Nationalpark sind es überwiegend Wald, Moor- und Sumpflandschaften sowie die vielen Wasserflächen, die dem Naturschutz unterliegen. Das Reservat eröffnet aber auch seinen Besuchern ein breites Feld an Aktivitäten. Geführte Wanderungen, Kanutouren und Tierbeobachtungen werden angeboten.
Der Slitere-Nationalpark befindet sich im äußersten Nordwesten Lettlands. Das einsame Kap Kolka bietet dem Besucher ein faszinierendes Naturschauspiel. Hier treffen die Gewässer der Nordsee und die der Rigaer Bucht aufeinander. Strandlinie und Dünen wechseln hier ihre Richtung. Während ein Fuß noch im Rigaer Meerbusen steht, ist der andere schon in der Ostsee. Hinter den langen, einsamen Sandstränden wachsen Fichten- und Kiefernwälder. Nicht alle Teile des Nationalparks sind für Besucher frei zugänglich. Es gibt Sperrzonen, in denen sich Fauna und Flora ganz ohne Eingriff von Menschen entwickeln sollen. Seltene Vogelarten können hier beobachtet werden, ebenso mit etwas Glück Elche und Wölfe.
Ende der 80er Jahre begann Michail Sergejewitsch Gorbatschow in der UdSSR mit dem Prozess der Perestroika, der auch in Lettland in den Kampf um die Unabhängigkeit mündete. Am 21. August 1991 wurde die Souveränität Lettlands wieder hergestellt. Dieser friedliche Kampf ist als die „Singende Revolution" in die Geschichte eingegangen. Seit 2004 ist Lettland ein Mitglied der Europäischen Union und der NATO. Seit der Unabhängigkeit 1991 konnte Lettland stets mit europäischen Spitzenwerten bei den Zuwachsraten des Bruttoinlandsproduktes glänzen. Die aktuelle Weltwirtschaftskrise hat den Aufschwung abrupt gestoppt. Um einen drohenden Finanzkollaps zu vermeiden, sah sich Lettland gezwungen, Kredite in Milliardenhöhe von der Europäischen Union und dem Internationalen Währungsfonds aufzunehmen.
Wer Lettland besucht, wird bei den Menschen, die in Ballungsräumen leben, feststellen, dass sich die Verschiebung der EU-Ostgrenze positiv ausgewirkt hat und die Euphorie des Aufbruchs noch vielerorts anhält. Trifft man hingegen Menschen in dünn besiedelten Regionen, so scheint der Lauf der Zeit und der Politik hier nur geringen Einfluss auf sie genommen zu haben, doch ein Blick hinter die Fassade zeigt auch hier den Wandel.

Canon

Schwarzhäupterhaus mit Renaissance-Fassade auf dem Rigaer Rathausplatz. Der Wiederaufbau des im 2. Weltkrieg zerstörten Gebäudes wurde 1999 vollendet. An der Hausfront ist zu lesen: „Sollte ich einmal fallen nieder, so erbauet mich doch wieder".

Eine Sinfonie in Stein – Riga, die Metropole des Jugendstils. Die prachtvollsten Häuser sind in den Straße Alberta iela und Elizabetes iela zu finden. Die Zeugnisse des Art Nouveaus aus der Zeit gegen Ende des 19. Jahrhunderts und Anfang des 20. Jahrhunderts sind über die ganze Stadt verstreut.

Vorhergehende Doppelseite: Blick über den Fluss Daugava auf die Altstadt von Riga mit dem mächtigen Dom St. Marien.

Der zweitlängste Fluss Lettlands – die Gauja.

Malerisch gelegen – das Schloss Lielstraupe und die Kirche von Straupe im Landkreis Cesis. Das Ensemble stammt aus dem 13. Jahrhundert. Die Kirche ist die einzige in Lettland mit einem freistehenden hölzernen Glockenturm.

Die Burgruine von Cesis ist die am besten erhaltene Burgruine von ganz Lettland. Das Bauwerk war eine der wichtigsten Festungen des Deutschen Ordens im Baltikum.

Blick vom Turm der Bischofsburg über das dicht bewaldete Urstromtal der Gauja. Auf dem Bild gut zu erkennen: Rechts der rekonstruierte und bereits wieder hergestellte Teil der Burg Turaida, nördlich von Sigulda gelegen.

Linke Seite, unten:
li.: Stolz erhebt sich die Burg über dem Tal der Gauja.
re.: Massive Balken tragen das Turmdach.

Der nach alten Vorlagen vollständig neu erbaute 30 Meter hohe Burgfried beherbergt Teile eines Museums. Wer die enge, steile Wendeltreppe bis unters Dach hinauf steigt, wird mit einer fantastischen Aussicht belohnt.

Die aus dem 13. Jahrhundert stammende St. Johanniskirche von Cesis.

Vor der St. Johanniskirche steht die Skulptur des Bildhauers Matiass Jansons „Der Lauf der Jahrhunderte“. Im Volksmund wird sie „Der Zeitenmann“ genannt. Ein alter Volksglaube besagt: „Wenn man die Laterne des Zeitenmannes reibt, kann man die Zukunft sehen“.

Gut Ungurmuiza, westlich von Cesis: Das 1732 errichtete Stammhaus des Barons von Campenhausen gilt als Beispiel lettisch-barocker Holzbauweise im 18. Jahrhundert. Es ist das einzige noch erhaltene hölzerne Herrenhaus in Lettland. Im gepflegten Park des Anwesens mit seinen alten, knorrigen Eichen befindet sich ein Teepavillon, dessen Architektur chinesische Einflüsse aufweist.

Die Wasserburg Araisi ist das erste archäologische Feilichtmuseum des Baltikums. Auf der Halbinsel wurden bei Ausgrabungen Reste einer altlettgallischen Holzsiedlung aus dem 9. Jahrhundert gefunden, rekonstruiert und nachgebaut. Die Holzbauten zeigen, wie Menschen vor mehr als 1000 Jahren hier gelebt haben. Auf Grund weiterer Funde von Gebrauchsgegenständen und Waffen wird vermutet, dass auf einer Insel des Sees eine livische Wasserburg stand.

In die 1225 erbaute Kirche am Araisi-See soll die Tochter eines Baumeisters eingemauert worden sein. Beim Umbau 1791 fand man sterbliche Überreste eines Menschen, die die Legende stützen.

Typisch für viele Bauernhöfe in Lettland sind die aus Holz gebauten Häuser.

Holzfähre über die Gauja bei Ligatne: In der eisfreien Zeit verrichtet die alte Fähre ihren Dienst auch heute noch zuverlässig. Einen regelmäßigen Fahrplan gibt es nicht. Je nach Bedarf werden Personen, Handelsgüter und Autos an das gegenüberliegende Ufer transportiert.

Um die Landschaft zu renaturieren und das ökologische Gleichgewicht wieder herzustellen, wurden 18 Polski Koniki Wildpferde, die nächsten Verwandten des Urpferdes Tarpan, 1999 im Rahmen eines WWF-Projektes im Naturpark Pape ausgesetzt. Der Bestand ist inzwischen auf über 50 Tiere angewachsen. Seit 2004 leben auch Auerochsen und eine kleine Gruppe Wisente im Schutzgebiet.

Oben und Mitte:
Wildrinder im
Naturpark Engure-See.

Vorhergehende Doppelseite: Schloss Rundale mit einem Teil des neu angelegten Schlossparks, westlich von Bauska.

Das Barockschloss Rundale wurde für den Herzog von Kurland, E. J. Biron, nach dem Entwurf des russischen Zaren-Hofarchitekten F. B. Rastrelli in den Jahren 1736 bis 1740 erbaut. Als Vorbild diente das französische Schloss Versailles. Die Sommerresidenz gehört heute zu den berühmtesten historischen Bauten Lettlands.

Blick in einen der insgesamt 138 Räume des Schlosses.

Kunstvoll verzierter
Kachelofen im Vorraum
zum Goldenen Saal.

Marienwallfahrtskirche in Aglona.

Der Wallfahrtsort Aglona gilt als Zentrum des lettischen Katholizismus und ist eine bedeutende Pilgerstätte für Gläubige und Touristen. 1993 besuchte Papst Johannes Paul II. die im Barockstil erbaute Kathedrale in Aglona. Jedes Jahr am 14. und 15. August treffen sich Hunderttausende Pilger aus dem In- und Ausland, um gemeinsam Mariä-Himmelfahrt zu feiern. Neben der Kirche befinden sich ein Kloster und die „Heilige Quelle".

Blick auf die Basilika „Unsere Liebe Frau" durch das große Eingangstor.

An der Spitze der Landzunge liegen die letzten Überreste des alten Leuchtturms von Kap Kolka. Das neue Leuchtfeuer steht 6 Kilometer vor der Küste auf einer künstlich aufgeschütteten Insel.

Kunstwerk aus Stein am Kap Kolka.

Der Wegweiser beim Informationszentrum von Kap Kolka zeigt auch die Richtung und Entfernung zur schwedischen Hauptstadt Stockholm an.

Das Kap von Kolka bildet den nördlichsten Punkt Westlettlands. Am Kap treffen die beiden Meere Ostsee und die Rigaer Bucht aufeinander. Vom Strand aus kann man gut beobachten, wie die Wellen aus verschiedenen Richtungen aufeinander prallen. Die Kolka-Spitze ist Teil des Nationalparks Slitere und ein ideales Gebiet für Ornithologen zur Vogelbeobachtung. Im Frühjahr und im Herbst machen die Tiere auf ihrem langen Flug in die Sommer- und Winterquartiere hier Rast.

Der Lubans-See, Lettlands größtes Binnengewässer, liegt im Osten in den Regionen Vidzeme und Latgale. Er ist sehr flach. Seine tiefste Stelle misst lediglich 3,50 Meter. Je nach Höhe des Wasserstandes variiert die Größe des Gewässers zwischen 25 und 100 Quadratkilometer. Die Umgebung des fischreichen Sees ist dünn besiedelt. Während der Vogel-Migration im Frühjahr und im Herbst dient er vor allem Wasservögeln als Brut- und Rastplatz.

Singschwäne machen regelmäßig Rast am Lubans-See.

Stolz zeigt der Fischer seinen Fang.

Der 1877 erbaute Bahnhof Kemeri an der Strecke von Riga nach Tukums. Nachdem Kemeri seine Bedeutung als Kurort verloren hat, ist er heute Ausgangspunkt für Wanderungen durch die tiefen Wälder und das Hochmoor im Kemeri-Nationalpark. Hier befindet sich auch das Informationszentrum des Nationalparks.

Die ehemalige Kurpoliklinik von Kemeri. Das Gebäude wurde 1929 gebaut. Im Badehaus gab es Anwendungen in Schwefelwasser, Kohlensäure- und Schlammbädern, die von einer Schwefelquelle im Hof des Sanatoriums gespeist wurden. Heute erinnern die leer stehenden Gebäude nur noch an alte, längst vergangene Zeiten eines ehemals eleganten und exklusiven Kurortes.

Natur und Architektur sind kaum zu unterscheiden.

LITAUEN

Die Perle im Mittelpunkt Europas

Ob in die Hauptstadt Vilnius mit den prächtigen Kirchen, auf die Kurische Nehrung mit den hohen Sanddünen oder in die zahlreichen Nationalparks – eine Reise dorthin lohnt immer.

Besondere Bedeutung messen die Litauer der geografischen Lage des Landes zu. Die Entfernungen zu den am weitesten entfernten Gebieten Europas, dem Ural, den Pyrenäen, dem Kaukasus, Norwegen und Schottland ist ungefähr gleich. Litauen befindet sich in der Mitte Europas. Das französische Institut Geographique National ermittelte 1989 mit neuesten Messinstrumenten den europäischen Mittelpunkt.
Dieser befindet sich etwa 25 Kilometer nördlich von Vilnius und ist durch eine weiße Granitsäule mit Sternenkrone gekennzeichnet.
Eine Grundlage der litauischen Kultur bildet die Liebe zur Natur, besonders zu Bäumen und Wäldern. Die zahlreichen Fichtenwälder der Dzukija, die fruchtbaren Ebenen bei Kedainiai, die Hügel der Zemaitija mit ihren dunklen Tannen, die seenreiche Aukstaitija, die Dünen der Kurischen Nehrung, das Delta der Nemunas (Memel) – Die Landschaften sind nicht spektakulär, dafür aber sehr vielfältig. Litauen ist ein grünes Land. Hier gibt es keine grenzenlosen Weiten, bis zum Horizont reichende Urwälder oder hohe Gebirge, nur stille Täler, sanfte Hügel, einsame Wälder und ruhige Seen und Flüsse. Beeindruckend auch die veränderlichen Naturschauspiele wie die Wasserlandschaften im Memeldelta bei Vente (Windenburg) und die bis zu 60 Meter hohen Wanderdünen südlich von Nida (Nidden) auf der Kurischen Nehrung.
Wind und Meeresströmungen haben diese in Europa einzigartige, nur wenige Kilometer breite Landzunge, geformt, die das Kurische Haff von der Ostsee trennt. Sie besitzt den Status eines Nationalparks und ist in der Liste des UNESCO-Naturerbes eingetragen.
Im Sommer heißt die inoffizielle Hauptstadt Palanga. Der Publikumsmagnet an der Bernsteinküste lockt mit zahlreichen Cafés, Restaurants, Diskotheken, Bars und Nachtklubs. Neben dem herrlich weißen Sandstrand, der gesamten, etwa 100 Kilometer langen Ostseeküste, stehen den Bade- und Kurgästen zur aktiven Erholung Fahrräder, Reitpferde, Tennisplätze, Schwimmbäder, Salzthermen und Spa-Einrichtungen mit Wellnessbereich zur Verfügung. An Palangas frühere Bedeutung für den Handel mit dem „Gold der Ostsee“ erinnert das Bernsteinmuseum im Botanischen Garten, eines der größten der Welt.
Die fünf Nationalparks Litauens streben die Erhaltung der Natur und das kulturelle Erbe zukünftiger Generationen an. Drei Parks spiegeln die Landschaft und die ethnografische Kultur der litauischen Regionen Aukstaitija, Zemaitija und Dzukija wider.
Seenketten und Moränenhügel prägen das Landschaftsbild vom Aukstaitija- und Zemaitija-Nationalpark.
Im Dzukija-Nationalpark bestimmen Täler, Flüsse und Wälder die Parkstruktur.
Der Nationalpark Trakai umschließt eine abwechslungsreiche Seenlandschaft mit der darin gelegenen ehemaligen Hauptstadt des damaligen Fürstentums Litauen. Von allen Seiten vom Wasser des Galve-Sees umgeben, erinnert die größte Inselburg Europas und das darin befindliche Museum an glorreiche Zeiten litauischer Geschichte. In der Burg finden kulturelle Veranstaltungen wie Opernaufführungen und Konzerte statt.
Der Berg der Kreuze, wenige Kilometer nördlich von

Siauliai (Schaulen) gelegen, ist für die litauische Bevölkerung ein wichtiges Symbol des Glaubens und des Widerstandes. Der Hügel wird von einer unüberschaubaren Menge an Kreuzen, Rosenkränzen und Heiligenabbildungen bedeckt. Und es werden ständig mehr, so dass sich das Meer an Kreuzen inzwischen weit um den Berg erstreckt. Der Kreuzberg, eine Pilgerstätte der litauischen Gläubigen, war viele Jahre lang auch sichtbares Zeichen des politischen Widerstands während der sowjetischen Besatzungszeit. Das damalige Regime versuchte immer wieder, den Kreuzberg zu zerstören, indem es die Kreuze mit Planierraupen niederwalzen ließ. Kurze Zeit später ragten jedoch schon wieder neue in den Himmel. Die Kreuze werden von den Pilgern, darunter viele Hochzeitspaare, aus Dankbarkeit oder, verbunden mit einem besonderen Wunsch, aufgestellt.

Vilnius, die Blüte des Barocks – ihr wurde der Titel „Kulturhauptstadt Europas 2009“ verliehen. Das Jahr 2009 ist der 1000. Jahrestag der ersten urkundlichen Erwähnung des Namens Litauen.

Die Altstadt ist der Stolz der litauischen Metropole. Viele Gebäude sind Werke der litauischen Barockschule. Die Altstadt mit ihren prächtigen Kirchen – in Vilnius gibt es über 40 Gotteshäuser – wurde 1994 in die Liste des UNESCO-Weltkulturerbes aufgenommen. Doch sie ist nicht nur Barockstadt. Eindrucksvolle Akzente setzen Meisterwerke der Gotik, Renaissance ebenso wie des Klassizismus. Beispiele hierfür sind die St. Annenkirche, die Kirche der Bernhardiner, der Große Hof der Universität Vilnius, das Tor der Morgenröte oder die Schlossanlage Verkiai.

Auch Vilnius hat sein „Montmartre“ – das Mekka der Künstler. Der jahrhunderte alte Stadtteil Uzupis, die sogenannte „Republik Uzupis“, ist ein typisch osteuropäisches Altstadtviertel mit schönen alten Häusern, idyllischen Hinterhöfen und verwinkelten Gassen, in denen sich Cafés, Kunstgalerien und Antiquitätenläden befinden. Viele der Fassaden sind renovierungsbedürftig. 7000 Menschen leben hier, neben vielen Künstlern auch der Bürgermeister von Vilnius und zunehmend immer mehr wohlhabende Litauer. Die Republik, die sogar über ein eigenes Gesetzbuch verfügt, hat zahlreiche Ehrenbürger und Botschafter. Zu ihnen gehört, neben dem litauischen Präsidenten Valdas Adamkus auch das geistliche Oberhaupt der Tibeter, der Dalei Lama.

Das moderne Vilnius sieht sich als führende Metropole der Baltischen Länder in politischer und wirtschaftlicher Hinsicht. Vilnius hatte in den letzten Jahren zahlreiche bedeutende Staatsoberhäupter und Monarchen zu Gast. Bauten, wie das mehrstöckige Geschäftszentrum am rechten Ufer der Neris, sind Ausdruck für die expansive Entwicklung der Hauptstadt. Sie gilt heute auch als Zentrum für moderne, zukunftsweisende Architektur. Vilnius ist ein gelungener Beweis für Harmonie zwischen Architektur und Natur. Fast die Hälfte der Stadt sind Grünflächen. Das von bewaldeten Hügeln umschlossene Zentrum liegt am Zusammenfluss der Neris und der Vilnia. Der Fluss gab der Stadt den Namen und trennt die „Republik Uzupis“ von der Altstadt.

Die Bürger von Vilnius sind stolz auf ihre Stadt mit einer rasch steigenden Lebensqualität, in der die Zukunft zur Gegenwart wird.

Volkslieder waren in Litauen schon immer ein wichtiges kulturelles Gut, um die eigene nationale Identität zu bewahren. Mit der so genannten „Singenden Revolution“ im Jahre 1991, welche dem Land letztendlich die politische Unabhängigkeit brachte, erlangte dieses Kulturgut auch politische Bedeutung. Daher ist das über einhundert Jahre alte, alle vier Jahre stattfindende, traditionelle Fest der Volkslieder und des Volkstanzes das zentrale Ereignis des litauischen Kulturlebens.

Das Sängerfest ist in der UNESCO-Liste des verbalen und immateriellen Kulturerbes eingetragen. Auch die klassische Musik hat eine lange Tradition. International anerkannte litauische Musiker und Orchester geben in vielen Ländern der Erde Konzerte. In Litauen werden jährlich Musikfestivals, sowohl in klassischer als auch in moderner Musik, veranstaltet.

Jedes Jahr finden um den 6. Juli, dem Nationalfeiertag

Die „Kirche der St. Anna“ ist ein Meisterwerk der Spätgotik. Dahinter die größte gotische Kirche Litauens, die „Kirche des Heiligen Franziskus und Heiligen Bernhardin“.

zur Staatsgründung und der Krönung des litauischen Königs Mindaugas, in Kernave die „Tage der lebendigen Archäologie“ statt. Auf den fünf Burgbergen und in den Tälern der ersten bekannten Hauptstadt Litauens lebt die Vergangenheit zu Ehren König Mindaugas' wieder auf, mit altertümlicher Handwerkskunst, Bogenschießen, Ritterkämpfen und altlitauischer Kochkunst.

Zuversichtlichkeit, Gastfreundlichkeit und Lebendigkeit gelten als charakteristische Eigenschaften der Litauer. Sie sind ein Volk, das sich seine eigene Identität immer bewahrt hat, auch in Zeiten der Unterdrückung. Derzeit genießt es die neue Freiheit und Unabhängigkeit und deren rasante Entwicklung als noch junges Mitglied in der Europäischen Union.

Mit rund 555.620 Einwohnern ist Vilnius die größte Stadt des Landes und mit dem katholischen Erzbischofssitz und der 1579 gegründeten Universität eine der ältesten Universitätsstädte Europas. Gemeinsam mit Linz trägt sie den Titel Europäische Kulturhauptstadt für das Jahr 2009.

Ab dem 16. Jahrhundert schufen italienische Baumeister zahlreiche Bauwerke im Stil des Barock, und noch heute verfügt Vilnius über eine der ausgedehntesten Altstädte in Osteuropa, die von der UNESCO zum Weltkulturerbe erklärt wurde.

Das heutige Vilnius entwickelte sich innerhalb von zehn Jahren von einer sowjetischen in eine Stadt westlich-kosmopolitischen Stils. Auf dem der Altstadt und dem Zentrum gegenüber gelegenen Ufer der Neris haben sich in den letzten Jahren die ersten Ansätze für ein modernes Büro- und Geschäftsviertel gebildet, mit dem Vilnius zu einem Anziehungspunkt nicht nur für Touristen werden will.

Das geografische Zentrum Europas liegt 26 km nördlich von Vilnius. Eine weiße Granitsäule mit Sternenkrone weist darauf hin.

Das Tor zur Kirche der „Allerheiligsten Dreifaltigkeit" und zum Basilianerkloster.

Reichhaltig verzierte Kuppel der Kirche des „Hl. Kasimir".

Gemütliches Restaurant in der „Künstlerrepublik" Uzupio.

In der Altstadt von Vilnius laden viele Cafés zum Verweilen ein.

Die „Kirche der Heiligen Katharina“ war die erste Kirche in Vilnius, die nach der Erlangung der Unabhängigkeit Litauens komplett renoviert wurde.

Wertvolles Interieur der „Kirche der Heiligen Petrus und Paul". Alle Wände, Gewölbe und die Kuppel sind reichhaltig mit weißem Stuck verziert.

Altar aus dem späten Barock in der „Kirche des Hl. Kasimir".

Etwa 20 km nördlich von Siauliai an der Straße nach Riga befindet sich der Berg der Kreuze, einer der bekanntesten Orte in Litauen. Im September 1993 hat Papst Johannes Paul II. ihn besucht. Er ließ dort ein großes hölzernes Kreuz aufrichten. Bereits vor dem Besuch des Papstes war der Berg der Kreuze ein wichtiger Wallfahrtsort für Litauen und Gläubige aus aller Welt.

Die Inselburg Trakai im Galve-See ist die einzige Wasserburg in Osteuropa. Die aus dem 14. bis frühen 15. Jh. stammende Anlage besteht aus dem „Palast der Großfürsten", der von einer Burgmauer umgeben ist, und der Vorburg, welche ein tiefer Graben vom Hauptgebäude trennt. 1430 hatte der Großfürst Vytautas zahlreiche Gäste zu seiner Krönungsfeier eingeladen. Die Kronen für seine Frau und dem Fürsten waren von Nürnberger Goldschmieden bereits angefertigt, aber die Zeremonie fand nicht statt, da sie von polnischen Adeligen verhindert wurde. Seit 1962 beherbergt die Festung ein Museum. Im Hof und im Festsaal der Burg werden heute regelmäßig Konzerte und Theateraufführungen veranstaltet.

Schwerer
Türbeschlag
am Doppeltor
hinter der
Zugbrücke.

Zeugnisse längst
vergangener Zeiten
können im historischen
Museum der Burg
besichtigt werden.

Blick vom Ufer über den Galve-See
auf die Wasserburg Trakai.

Nächtliches Spektakel beim jährlich stattfindenden Mittelalterfest Anfang Juni in Trakai. Ritter aus ganz Europa werden zum Turnier geladen, um im Schwertkampf, Mann gegen Mann, den Turniersieger zu ermitteln, der aus der Hand des litauischen Staatspräsidenten ein handgeschmiedetes Schwert als Siegestrophäe erhält.

Saal im Palast der Großfürsten auf der Inselburg Trakai.

Vorbereitung
auf das Turnier.

Konzentration
vor dem Kampf.

Kampf um
den Turniersieg.

Der Grutas Park: Das kleine Dorf im Dzukija Nationalpark wurde mit einem Schlag berühmt, als der ortsansässige reiche Geschäftsmann Viliumas Malinauskas auf einem 20 ha großen Areal ein Freilichtmuseum mit Denkmälern und Skulpturen aus der Sowjetzeit eröffnete. Zu diesem Zweck ließ er Exponate aus allen Landesteilen Litauens herbeischaffen. 2001 erhielt er dafür von der amerikanischen Harvard-Universität den alternativen Nobelpreis.

Hochbetrieb auf der J. Basanaviciaus-Straße, der Flaniermeile von Palanga.

Sonnenuntergang an der Seebrücke.

Badestrand an der Ostsee bei Palanga. Der Kurort an der Ostseeküste erfreut sich im Sommer großer Beliebtheit. Er ist eines der am meisten besuchten Urlaubsziele Litauens. Die Seebrücke ist Treffpunkt für alle, die miterleben wollen, wie die rot glühende Sonne am Abend im Meer versinkt.

Impressionen aus dem Walddorf Marcinkonys im Dzukija-Nationalpark, östlich von Druskininkai. Der größte Nationalpark des Landes – im Südwesten Litauens gelegen – ist nur dünn besiedelt. Er bezaubert durch die majestätische Stille seiner Wälder und durch seine urwüchsige Natur. Neben dem Naturschutz ist es auch die Aufgabe des Parks, landwirtschaftliche Bereiche und deren Dorfarchitektur zu schützen. Die Dörfer lassen sich in drei Kategorien einteilen. In Walddörfer, die unstrukturiert entstanden sind und den Feld- und Flussdörfern, welche systematisch entlang an Wegen oder Flüssen angelegt wurden.

Traditionelle
Bienenstöcke am
Waldrand.

Die Wanderdünen auf der Kurischen Nehrung bei Nida. Von oben eröffnet sich ein atemberaubender Blick auf die weißen Sandberge der „litauischen Sahara" und die Wellen der Ostsee.

Das kleine Städtchen mit den typischen, bunten Fischerhäuschen ist die größte Ansiedlung auf der Nehrung. In deren Gärten sind die Kurenwimpel zu sehen. Ab 1844 mussten alle Fischerboote lt. Verordnung auf der Spitze des Mastes dieses Zeichen führen. Der Aufbau der Wimpel ist systematisch gegliedert. Im unteren Teil befindet sich z.B. ein Feld mit den Farben des Heimathafens. Er diente als Legitimation zur Ausübung der Fischerei. Heute sind sie ein beliebtes Touristensouvenir.

Leuchtturm bei Nida auf der Kurischen Nehrung.

Bunte, strohbedeckte Holzhäuser sind charakteristisch für die Kurische Nehrung.

Von Fischern zum Trocknen ausgebreitete Netze. Kleine Fische werden getrocknet, größere gepökelt oder auch heiß geräuchert, zum sofortigen Genuss. Vor dem Pökeln erhalten die Fische durch schwarzen Pfeffer, zerriebene Lorbeerblätter, zerstoßene Wacholderbeeren und Kardamom die entsprechende Würze.

Reiseinformationen

Klima

Warme Sommer, der Frühling und Herbst sind relativ mild. Kalte Winter, oft mit starken Schneefällen.
Der Niederschlag ist relativ gleichmäßig über das Jahr verteilt. Beste Reisezeit: Mai bis September. In den letzten Jahren waren die Sommer sehr warm und trocken. Trotzdem sollte regenfeste Kleidung im Reisegepäck dabei sein. Die wärmsten Monate sind Juni, Juli und August. Das Klima ist maritim-kontinental; im Winter liegen die Temperaturen zwischen -15 und 5 °C, im Sommer zwischen 20 – 30 °C. Die Wassertemperaturen in Flüssen und Seen liegen im Sommer bei etwa 16 – 18 °C.

Geografische Lage

Die drei Baltischen Staaten Estland, Lettland und Litauen liegen an der nordöstlichen Küste der Ostsee. Alle drei Länder sind zusammen etwa halb so groß wie Deutschland.
Hier eine kleine Landkarte einfügen (sh. Beispiel) Tallinn, die estnische Hauptstadt, befindet sich auf der Höhe Stockholms und 80 km südlich von Helsinki. Lettland liegt gegenüber von Schweden. Vilnius, die litauische Hauptstadt, ist auf derselben geografischen Höhe, wie Kiel.

Vegetation und Tierwelt

In weiten Teilen sind die drei Baltischen Staaten von ursprünglichen Wäldern und Mooren bedeckt.
Laub- und Mischwälder wechseln sich ab. Besonders die zahlreichen Nationalparks und Naturschutzgebiete bieten Lebensraum für viele seltene Tier- und Pflanzenarten. Störche – in Mitteleuropa kaum noch zu sehen – gehören zum Alltagsbild. In einigen der vielen Flüsse leben Fischotter und Biber. Auch seltene Wildtiere wie Elche, Luchse, Wölfe und in Südestland und Nordlettland sogar noch einige Braunbären haben im Baltikum ihre Heimat.

Einreisebestimmungen

Seit November 2007 sind die Kontrollen an den Grenzen zwischen den alten und den neuen Schengen-Staaten weggefallen. Wer aus einem EU-Land nach Estland, Lettland oder Litauen reist, braucht seine Ausweisdokumente nicht mehr vorzuzeigen. Sie müssen bei einer Reise allerdings weiterhin mitgeführt werden.
Der Kinderausweis muss unabhängig vom Alter des Kindes mit einem Lichtbild versehen sein. Der Eintrag eines Kindes in den Reisepass eines Elternteils wird in der Regel nicht als ausreichend betrachtet. Es wird dringend empfohlen, einen Kinderausweis mitzuführen. Ab 16 Jahren ist ein eigener Ausweis erforderlich.

Netzspannung & Netzstecker

Netzspannung: 220 V, 50 Hz Euro-Norm-Stecker (dünner, flacher Stecker, ohne Schutzkontakt) passen, Stecker mit Schutzkontakt passen nicht immer.

Ortszeit

Die Zeitdifferenz zu Deutschland beträgt in Estland, Lettland und Litauen +1 Stunde. Auf Sommerzeit wird (wie in Deutschland) umgestellt.

Internet Links

Baltikum:
www.baltikuminfo.de – Baltikum Tourismus Zentrale

Estland:
www.visitestonia.com – Fremdenverkehrsamt Estland
www.estemb.de – Estnische Botschaft in Berlin
www.germany.ee – Deutsche Botschaft in Tallinn

Lettland:
www.latviatourism.lv – Fremdenverkehrsamt Lettland
www.mfa.gov.lv – Lettische Botschaft in Berlin
www.riga.diplo.de – Deutsche Botschaft in Riga

Litauen:
www.tourism.lt – Fremdenverkehrsamt Litauen
www.mfa.lt – Litauische Botschaft in Berlin
www.wilna.diplo.de – Deutsche Botschaft in Vilnius

Quelle: Baltikum Tourismus Zentrale, Berlin

Estland, Lettland, Litauen – Auf einen Blick

	Estland	Lettland	Litauen
Landesname	Eesti	Latvija	Lietuva
Offizielle Landessprache	Estnisch	Lettisch	Litauisch
Landeskennung	EST	LV	LT
Telefonvorwahl	+372	+371	+370
Größe	45.226 km²	64.590 km²	65.300 km²
Höchster Punkt	Suur Munamägi 318 m	Gaizinkalns 312 m	Juozapine 294 m
Ostseeküste	1.240 km ohne Inseln; 3.790 km mit Inseln	500 km	99 km
Inseln	Insgesamt 1.521; Die 3 größten: Saaremaa 2.922 km², Hiiumaa 1.023 km², Muhu 206 km²		
Seen	1.400	3.000	3.000
Größter See	Peipsi 3.555 km² davon 1.529 km² in Estland	Lubans 80,7 km²	Drukściai 44,8 km²
Flüsse / Bäche	3.000	12.000	700
Längster Fluss	Pärnu 144 km	12 mit über 100 km Länge Daugava 1.005 km, davon 352 km in Lettland	Nemunas 937 km, davon 475 km in Litauen
Nationalparks Naturschutzgebiete Biosphärenreservate	4 Nationalparks 18 Naturreservate / -parks 1 Biosphärenreservat (Insel Hiiumaa)	3 Nationalparks 4 Naturschutzgebiete 22 Naturreservate / -parks 1 Biosphärenreservat	5 Nationalparks 30 Regionalparks 4 Naturreservate
Ethnographische Freilichtmuseen	1. Tallinn 2. Koguva (Insel Muhu)	1. Riga 2. Veveri (bei Vecpiebalga in Vidzeme)	1. Rumšiškes (bei Kaunas) 2. Kernave (Archäologisches Museum bei Vilnius)
Einwohnerzahl	1.4 Millionen	2.4 Millionen	3,6 Millionen
Hauptstadt	Tallinn 400.000	Riga 745.000	Vilnius 543.000
Größere Städte	Tartu 101.000 Narva 69.000 Kohtla-Järve 48.000 Pärnu 46.000	Daugavpils 130.000 Liepaja 110.000 Jelgava 75.000 Jurmala 61.000 Ventspils 55.000	Kaunas 415.000 Klaipeda 200.000 Šiauliai 145.000 Panevežys 130.000 Alytus 77.000
Ethnische Zusammensetzung	67,9% Esten 25,6% Russen 2,1% Ukrainer 1,2% Weißrussen 0,9% Finnen 2,4% Sonstige	57,8% Letten 29,5% Russen 4,1% Weißrussen 2,5% Ukrainer 2,5% Polen 3,6% Sonstige	81,8% Litauer 8,1% Russen 6,9% Polen 1,4% Weißrussen 0,9% Sonstige
Nationalfeiertag	24. Februar (1918)	18. November (1918)	16. Februar (1918) 06. Juli (Staatsgründung 1250 – Krönung des Königs Mindaugas)
Wiedererlangung d. Unabhängigkeit	20.08.1991	21.08.1991	11.03.1990
Regierungsform	Parlamentarische Demokratie	Parlamentarische Demokratie	Parlamentarische Demokratie
Währung	Estnische Krone, EEK 1 Eesti Kroon = 100 Senti Banknoten: 500, 100, 25, 10, 5, 2 und 1 Kroon Münzen: 1 Kroon sowie 50, 20, 10, 5 und 1 Sents	Lettischer Lats, LVL 1 Lats = 100 Santimi Banknoten: 500, 100, 50, 20, 10 und 5 Lats Münzen: 2 und 1 Lats sowie 50, 20, 10, 5, 2 und 1 Santimi	Litauischer Litas, LTL 1 Litas = 100 Centas Banknoten: 200, 100, 50, 20, 10, 5, 2 und 1 Litas Münzen: 5, 2 und 1 Litas sowie 50, 20, 10, 5, 2 und 1 Centas
Wechselkurse (ohne Gewähr)	1 € ~ 15,65 EEK 10 EEK ~ 0,64 €	1 € ~ 0,70 LVL 1 LVL ~ 1,43 €	1 € ~ 3,45 LTL 1 LTL ~ 0,29 €
Religionen / Kirchen	überwiegend evangelisch-lutherisch	überwiegend evangelisch-lutherisch	überwiegend katholisch

IMPRESSUM

Umwelthinweis:
Der Inhalt dieses Buches wurde auf Papier
mit chlorfrei gebleichtem Zellstoff gedruckt.
Das Einbandmaterial ist recyclebar.

Die Deutsche Bibliothek – CIP Einheitsaufnahme

Baltikum
Estland · Lettland · Litauen
Peter Ernszt
Tecklenborg Verlag, 2009; Steinfurt
ISBN: 978-3-939172-50-5
1. Auflage 2009

Siemensstraße 4, D-48565 Steinfurt

Fotos Seite 36, 37, 42/43: Baltikum Tourismus Zentrale

Gesamtherstellung: Druckhaus Tecklenborg, Steinfurt

ISBN: 978-3-939172-50-5